Yale

GINO GINORIS

Yale

bokeh *

ISBN 978-94-91515-91-0

Ya fui desierto y ave, hasta puente he sido,
pero mi vocación era evitar la muerte.

Resignación

Es memorable alguna que otra vez
escuchar los golpes del tiempo
en nuestras puertas,
asirnos a su estructura robusta
fingiendo no temerle.
Que vengan pues la exaltación y el desafío,
que germinen en la piel los nunca,
los tal vez y la armonía del suspenso.
Ya no quiero salvarme.

El miedo es un disparate

Desde el espejo, a patadas,
se le acercan las heridas que una vez
llevó aletargadas en la espalda.
Debió preverlo, saber que moriría
en la emboscada
ahora es diana su rostro y la flecha
es ese vientecillo de miedo
que lo envuelve.

Algunas veces somos blanco fácil
  de la impertinencia

Engolados
          totales
distantes
¿Eso somos?
Viento que arremete en solitario
contra el rostro de la noche,
un papel en blanco y sus miserias.

Hemos vuelto
para no escucharnos.

Ojo de pájaro

Demencia en la voz que rasga
el ojo del Sinsonte,
lluvia sobre lluvia, ruinas
adelanto del anclaje.
Somos pasto, que no semilla
bocacalle silente y otra vez
el ojo del pájaro surcado por la suerte.
¿Suerte dije? Aluvión de sueños
viento decapitado, susto
fragilidad de la sangre, hierro,
hierro en las sienes del poeta-niño
del poeta.

Cincuenta o la desfachatez del tiempo

Aplaude el insomnio de los peces
la apacible eternidad de su destreza
deja que otros vuelvan la mirada
hasta el borde del camino
busca en el agua la majestad del tiempo
huye
de ser necesario.

Manos frías

Lento el paso de las sombras
negro de nada
negro entre corrientes que huyen
obsesionadas de avance
legítimas sombras que nada detienen
orgasmo
en la retina empalagosa de la tarde
negro que vuelve
de unas manos frías,
lento el paso
obsesión y miedo
negro de nada
vienen.

Con guitarra es otra cosa

Laúd cenizo, casi negro
alargando la nota
más allá de cualquier entendimiento
más allá de los contornos de la burla
laúd cenizo, casi negro
cadáver perfecto.

Acrofobia

Papel rasgado
como antídoto de dios
ingenua paradoja del apostadero.
El cazador de abismos
le teme a las alturas.

Boca que salva

Todos alguna vez desconfiamos de la luz
la respuesta está rasgada en nuestra frente:
Somos la cueva que habitamos.

Todos alguna vez estuvimos muertos
o fingimos estarlo, de cualquier manera
la muerte es ese pedazo de cielo que nos falta.

Todos llevamos un pez cabalgándonos la espalda
un pez que descompone la razón por la que un instante
puede ser mantra o semilla o prolongado silencio.

Hasta que llega ese labio que nos levanta del suelo.

Sin dudas

El pájaro indefenso bajo el aguacero
maldice la brasa que se extingue
sin regalar cobija
así la madrugada del mendigo blasfema
al calor del mediodía.
Quién promete salvación a los cuerpos rotos.

Amanecer

La verdad
desnuda como único náufrago
no cabe en la mano desdeñosa
ni siquiera se sostiene de sus intenciones
luego llegará la mañana
a secar con su inocencia
la playa malherida.

Dónde guarecerse entonces.

Informe preliminar

Vivo en un pedazo de madera
donde el miedo se viste
en el último momento
la sangre ya no alcanza
para mover un dedo y los colores
de la luz no adornan ni el silencio.
Mi sitio es una plaza en el eco de la plaza
cada puerta es el comienzo de otra puerta,
y mi paz
es un viento acuoso de sudor y espera.
Todos los que habito caben en una madreselva
se asustan si reclamo, reclaman si se asustan,
conozco cada herida que ruge,
cada pedazo de escombro en las aceras.
Empiezo a desconfiar de los pañuelos en la frente,
del cuchillo que rasga las paredes, del ciego,
del anciano, de la mujer del gerente,
de cada llamado al trueno y a las alas.
Deberían perdonarme los domingos
y el hambre, atroz ascendente de mis huesos.

Ironías que no dependen de los cielos

Alguien puede ser mañana sin saberlo
o sólo cielo,
todo va a depender del ánimo
de los otros,
de sus silvestres instintos.

Alguien robará una ventana
y cada culpa
vendrá maldecida por los vientos,
será fusta sembrada en el camino
o sólo cielo,
según sea prescrito
en las actas de los jueces.

Alguien dibuja un niño
en la pared de cada templo
y todos callan.

Vacío

No está el espejo
al fondo de la minúscula tarde
el lóbrego silencio *ad libitum*
de su mancha.
Debió ser carne en las olas
no carne en las aguas.
Debió retratar la huella firme
sobre el lienzo aturdido
(tontos por no hacerlo interminable).
En su lugar hay una cruz
nadie sobre ella que perdone.

Altísimo

No insistas
no juegues a estar
ni me sueñes de rodillas,
eres soledad y pasto.
Aún conservo mis alas.

Algunos muertos no reposan

Llegarán otros difuntos
lo sé por el tono casi docto de la tarde
pude sentirlo en el rugido abismal
con que anuncian los relojes la debacle,
¿Es llamativo celebrar ahora
que se oxida la niebla sobre los escombros?
Llegarán otros muertos
ávidos de historia,
develarán el secreto de las flores
astuto ademán con que saludan a la muerte.
Vendrán de a dos, por el sendero
en que se pliegan los violines,
casi en silencio, desesperados
por un poco de paciencia.
Aturdidos y confusos,
nombrarán las contraseñas
cambiadas desde entonces
por la misma mano que señala
el sito escogido para su abandono.

Destino

Casi todos tus silencios
terminan en un túnel
de sorprendente calma
no es tu parte animal
son tus mapas, todos,
que se vuelven
insatisfecha cordura
conjuro con que intentas
desatar al dios
que todo lo cobija
o se lo inventa.

Fantasmas

De todos los fantasmas
que deambulan en la casa
este que se acurruca a mi derecha
inmóvil casi, atento siempre
es el que me agrada.
Es un círculo azul,
azul como cualquier palabra
me dicta sentencias barrocas
anatemas contra el despilfarro de los versos
algunas veces, logra que lo escuche
luego se deja estar y huye
como casi siempre
azul, como cualquier palabra.

Sed

El cuerpo de la sed
es ese lugar imaginario en que nacimos.
Por eso en cada invierno
nos inventamos una fuga,
a horcajadas sobre el barro
masticamos con sutil desespero
cualquier diluvio que intente
un simulacro de estampida.
La sed que abraza el álamo dormido
es la misma señal con que soñamos extinguirnos
un abrazo majadero de la tierra
para que sintamos sus calles subterráneas
como un látigo ausente de consuelo.
La sed en fin, es la mitad que nos separa
de los dioses y la fuga.

Vitrales

Alza la mirada al cristo que remienda
la descosida sordidez de los paseantes
sabe que nada moverá su angustia
que el reposo del alma es un panal desecho,
un bolsillo que ya no contiene los escombros.
Apoya la cabeza
en cada mapa dibujado desde entonces
junta en silencio sus pertrechos:
La sal, el polvo, el musgo retenido.

Se va quedando sordo, inmóvil, ciego,
como el pájaro que teme a los ciclones
se va quedando mudo, inconsistente, opaco
listo casi, impoluto ahora.
Pasa su mano por el borde del asfalto
ya no hay susto, ni cristo, ni siquiera polvo,
canta.

Vida

La vida sucede,
donde un árbol es el centro
y final de la noche,
un rostro asomado a los nombres
que no le reconocen como espejo.
La vida es un juego de naipes
que se miente a sí mismo,
la dúctil esencia de un quejido
disparado a cualquier carne.
La vida sucede
al borde de unos dedos
saciados de luz.

Calle triste

Nueve pisos bajo mis pies
pasa una calle gris.
No importa el reflejo de las luces:
nada más triste que una acera vacía
reflejada en las vidrieras de moda.
Nadie comprende el esplendor
cuando lo emite el desamparo.
Podría mentirles
acuchillar la palabra que todo lo sana
dejar el polvo colgado en las paredes
adormecerme, jugar a la escondida
recurrir a los benditos salmos,
pero una calle triste es un país ausente,
un banco de espuma en una playa sin sueños.
Una calle triste es la mueca, última,
con que se recibe el disparo.

Calle sin nombre

Quién regalará su nombre a esta calle
cuando la ciudad se duerma,
cuando en un rapto de ternura
deje de ser bullicio y asco
y se repliegue a los montes que la dulcifican.
Puede que no importe nada,
que no signifique nada
la vacuidad de permanecer distante,
abrumadoramente distante
como recordando el esplendor acústico
en que se retorcía
la náusea que supone ser la bestia
repartidora de espacios,
la desidia galopante
que se esfuerza en doblegar el adoquín cansado.
Cuántas calles sin nombre, entonces:
aturdidas, sin ciudad para nombrarlas.

Árbol

El pulso de la gaviota
repele lo que hay de mar
en cada charco que esquivan mis raíces.
No hay que extrañarse
de la negación del agua
ella es terca en lo que impulsa
y de alguna manera
se contrae y sube
para castigar la sequía.
Soy un árbol de paso
final estación de la semilla
desconozco la cantidad de agua
que me asfixia
el líquido sonido que asusta a la gaviota
cuando me sobrevuela.

Hoja

Lo que ignoré
fue la gota rebosante
que reventó la semilla
aparatoso comienzo de mi primavera.
Sólo accedí a ver pasar la vida
su función de paisajista
de todos los comienzos.
Lo que dejé pasar
fue la perfección geométrica del pasto
atestando de verde
los rincones tragados por la piedra;
tampoco entendí a la lluvia
cuando dejó de visitar al monte.
Lo que aprendí finalmente
fue la rudeza de la tierra fértil
su lugar protagónico en la conquista
de todo lo que respira o canta.
Irónica y rebosante tierra
pesimista la mayor parte de las veces
como esa que cubrirá mi cuerpo
un día, sin apenas rozarme.

Jaque mate

He visto un candil iluminar el trillo
por donde debía regresar mi padre
pero su luz no cumplió muy bien
el papel de vigilante.
He sentado a la noche frente a un piano
mientras las sombras se batían por las sombras
pero su música eran una barca inconclusa
arrastrada por un mar odioso.
Quise volar sobre Santiago a solas
y un millar de peces atascaron el camino:
viento de agua, polvo, lumbre consumida,
jaque mate.

Ensayo y premeditación

Infame declaración del Censor

Y me fue dada la lluvia
y dibujé en su silueta
                        la silueta de un pájaro
y partí a recorrer los abismos azules
                        donde se refugian los poemas
y regresé cargado de palabras
y las junté en el humo de un cigarro
y eché a rodar una mentira
y un trozo de pan untado con la suerte
y todos fueron felices un instante.

Y me amaron.

Poetas

Con esa extraña costumbre
de pasear descalzos
sobre el adoquín del patio
los poetas tienden a alejar la muerte:
la desplazan y juegan a esconder
sus luctuosos mandamientos.
Pero la muerte, como las rupturas
es esa mancha azul en la memoria
cubierta por el polvo de las despedidas.

Voces

No necesito confesar lo que reposa
en la vertiente oblicua de mis versos
ellos cantan con voces misteriosas,
propias y ajenas voces de la muerte.
Ni siquiera fue justa la partida
el golpe certero
como moneda de cambio
la palabra justa
como recurso final
de la derrota.

Estrategia

En el lado derecho
casi al fondo de la hoja en blanco
un poema espera ser rescatado
de su propia estrategia.

Enfrentado al escriba

Cuánto hay de cierto
en el quejido que desprende la hoja
entre erráticos impulsos de consabida inocencia.
Cuánta mentira abarca
el estallido silencioso del grafito
cuando se repliega como un náufrago
oficioso de oscuros imprevistos.
Cuánta maldad se ajusta
a la exacta medida de una mano
que describe la huella
el latido feroz
el acertijo
la duda y la mentira
esa conocida violencia
–disimulo del verbo–
con que desarma de voluntad
a la palabra.

Mandato

Hay que cerrar los ojos
dice la muerte
acurrucarse junto al canto afilado
que divide los caminos
hurgar en la semilla
atragantarse de escombros
sopesar la cicatriz
que quedará como bandera
hay que cerrar los ojos
dice la muerte
y el poeta sonríe.

No creo

Ya no creo en la paciencia del equilibrista
en su cuerda de luz inconfesable.
Alguien puede traspasar la puerta
creer por un instante
que tapiar las salidas
aleja de una vez
la maldición del abismo.
Ya no creo en el perdón de la memoria
sus oscuros intentos de mirar por sobre el hombro.
Ya no puede apuntalarse la verdad
ni siquiera
en la desnuda insolencia
de la hoja en blanco.

Entonces

Trabajo a poca luz
imprimo versos malos, muy malos
pedacitos del alma de otros
pedacitos de alma
almas enteras
algunas veces hasta me sorprendo
de no escuchar la máquina
ejerciendo su estruendo metálico
contra la hoja en blanco.
Me confundo
pego la cara al borde de la hoja
sueño
entonces aparece el gato
casi puedo asegurar que ríe
el gato negro de la suerte
la suerte de los versos
el gato malo que se burla
descaradamente
paro la máquina y se escapa el alma
las almas
entonces queda sólo el verso
los versos de alguien que sonríe
alguien que no es el gato negro de la suerte
y vuelve el sonido
y la luz
el nacimiento.

Escritura

Me paso el día rodeando una palabra
que no alcanza para un verso
—entretiene verla reflejada
en el cristal de la ventana.
A fuerza de aventarla
triunfa la insistencia,
con eso me alimento.
Parte de mi dieta
se esclarece entonces
comienza a tomar forma
la oración que compondrá un día
el cuerpo del poema.
Finjo creer en la censura
que me impongo
desmedido ejercicio
que supone
la escritura en la memoria.
Entonces cierro la ventana.

Conductas

Escribo
como quien debe todas las distancias
con la memoria a flor de piel
del que marcha en busca de otros muertos.

Hablo
en la parquedad de la ola
la estruendosa suavidad con que
abraza la roca.

Vengo del cántaro desnudo
a destejer los milagros
pobres números que no bastan.

He aquí párpados de agua
preguntas que la noche no perdona
traigo la lengua del que confiesa su pausa.

Voy hacia la espera
muro contenedor de lucidez

veo la mancha.
Me rindo.

Temblores

Tiembla la palabra
cuerda y germen del abismo
agua en torrentes que se precipita.
Ojos abiertos, deshabitados
contemplad la inocencia
del proyectil que pasa.
Lleguen a verla:
es el rugido del entorno
lo que se agiganta y quema
como la sangre del destierro
salvada e inmóvil cicatriz
ictus que impide la asonancia.
Tiembla la lengua fina de preguntas
porción del gozo
piedra lamedora y fértil.
Cuerpos adornados de sentidos
contemplad la esperanza que cuaja
en el destino de los hombres.

Mientras, escribo

Anulado cualquier instinto
pobre de huellas
dispongo las brazadas
que me acerquen a la otra orilla.
A mi espalda
otra ciudad que termina
otra ciudad que comienza
su halo de luz atraviesa la distancia
como el cencerro que gime
en estas dunas que me invento.
Mientras, escribo
que una ciudad se levanta
desde el polvo de cualquier camino
justo en el instante
en el que grito obscenidades
lumbres de otoño y frías primaveras.
Mientras, escribo
que la palabra es un aullido
que calma los temblores.
Mientras, escribo
y tiemblo y sigo mintiendo.

Ensayo y premeditación

He de fundar un reino:
convoco para ello a los negados
al loco que esgrime el viento en sus harapos
al que perdona los miedos
con el miedo a salirse del cauce.
Cavaré una trinchera de palabras
en la acera infinita donde pastan los versos
aceptaré de una vez que soy de piedra
espiga sexuada en mitad de la noche.
Pájaros azules aletean ya
como protesta a mis designios
—no me importa:
seré el ojo detrás de los cañones
asesino de cualquier plegaria
dueño del pan y los aplausos.
Manadas de indefensas criaturas
definirán sus marchas
en el límite perverso de mi roca.
Con mi sable de azulísima palabra
compondré los signos
que un día serán mi descendencia.
Si he de morir después
que sea en enero una mañana
para que suenen por siempre
mis disfraces a comienzos de año.

Intimida(do)des

Al otro lado del silencio

Aquí va mi intimidad
como un signo irreverente
que desata sus nudos;
aquí pudo ser sol la tarde
calcada a la memoria
que decapita sueños.

Aquí van silencios
el color del cansancio,
la balanza que agoniza
en cada trueque;
aquí pongo mis destrezas
nulas grietas inasibles,
apariciones que no me pertenecen.

Desde mí se marchan los elogios
el golpe fugaz de los aplausos.
Aquí va mi labio consentido
la mordida que sucumbe
en las paredes vacías;
aquí pongo la soledad del que escribe,
el otro lado de la bestia
calma y siniestra como la ironía
y la hoja en blanco
por si llegas.

Una mujer escribe

Una mujer escribe
«aquella piedra es tu nombre»
y dejo de amarla:
por un segundo, es un fantasma que traduce
a Rilke con infantil caligrafía.
Cada piedra es mi nombre
desde que dejé de arrepentirme sin remedio.
Una mujer escribe
«ven a mi sendero de palomas»
y por un instante dejo de creerle
no puedo remediarlo y huyo
cabalgando la desidia.
La madrugada puede ser una mujer insustancial
amargamente efusiva
que encuentra entre papeles putrefactos
la canción de la que soy responsable.
Una mujer escribe
«no eres lo que importa»
y me convence.

Después

Si persiste alguna fracción
es el olor del salitre impregnado
en las pieles del verano
la humedad en la arena
como recompensa.
Si nos queda algo
es la textura de los rincones
el chirriar de las puertas
tu pelo electrizado y el beso
fugaz como la duda en el labio.
Si algo continúa y persiste
es la impaciencia de mis hombros
el eco de las voces que susurran
esta forma tan especial de imaginarte
en la dureza de mi nombre.

Astarté

En tus manos la memoria de la luz
(océano que puebla mi inocencia)
en tus muslos el hambre de los pastos
(mástil sagrado en que sostiene la tierra su esqueleto)
al borde de tu espalda   los himnos de la guerra.

Ana

Saldré de esta ciudad
en un rapto de cenizas
mi mensaje está seguro
en cada muro
que circunda los parques
la hoguera encendida
por si vuelven los amigos.
Sólo llevo conmigo
tus últimas palabras.

Dudas

Hace tiempo que practico la duda
como dócil ejercicio que reposa y sana
pero descarto emociones
pero asumo los exordios
y espero
las cuentas regresivas
el entender los cristales de nieve
lo que trasciende y empuja
en fin, las moderaciones
y el amor ¡ah, el amor!
Habilidad de seducir lo frágil
lo poco ortodoxo, lo que escondemos.
Pero venía hablando de la duda
esa emoción invasiva y pertinaz
que me acompaña
que no descarto
ni me aniquila.

Silencio

Atraviésame silencio
vuélvete daga insepulta, agonía,
gesticula obscenidades
                    en mi oído,
arranca de un soplido
la cruda monotonía de este instante
anúnciate, descifra,
arde, explota
todo con tal de sentirte.

Lectura

Alguien adelanta el invierno
mueve los hilos de la noche
que llegan a mí
como en círculos concéntricos.
Abril es violeta ¿lo sabías?
Difícil sostener la mirada
en el paisaje que descubre
la espléndida ascensión de la mañana.
Pudiera alzar la mano hasta rozarte
acaso sin saber, podría describirte,
pero el invierno llega adelantado
y esta no es La Habana.

Lecciones

Aprendí que de tu pelo brotan luces
como coartadas del febrero que no llega
humilde luz, farol desconocido
rotunda luz de agua y despedidas.
Aprendí que de mi pecho nacen notas
acústicos poemas enemigos de la muerte
acogida y regresos, puñal que escampa
en cada orilla de tu vientre.
Aprendí silencios, diásporas silentes
fortalezas, calles, esquinas que se cortan, nidos.
Aprendí vacío y libertad, angustia
por pecar de injusto, aguaceros.
Aprendí de tu espalda —perfecto escondite—
paciencia, tiempo, caracolas.
Aprendí volcán y uva, acertijos
aprendí distancia, vuelo desmedido
y este desenfado que me aqueja
como puerta a punto de cerrarse.

Segundo mes

Febrero en realidad
es la costumbre probable
mesa aturdida
fractura del abismo
cuando paso y descubro el pecho
esa estrella que anida y se retuerce
y pareciera luz de veintiocho días,
puntada hermosísima
sobre la sábana blanca.
Febrero es un cántaro que ruje
en el brutal reverso del silencio.

Suicidas

La cresta de la ola
es espuma en cuenta regresiva.
Seamos precavidos,
en la burbuja que estalla
va el rostro de Alfonsina
como inocente preludio
de todas las tormentas.
Nadie le cree a los suicidas,
nadie los detiene.
Virginia en la arena, desnuda de carnes.
No hay remedio,
somos la lluvia que habitamos
el perverso equilibrio de los años.
Hemingway disparándole a la idea
siembra la leyenda del prescrito
y otra vez el mar trae la muerte,
la chica de Mitilene, azul
apuesta al filo de las aguas.
Reinaldo pisoteado
disemina su veneno en los contenes
(sangre vencida por las manchas)
el agua nos arde y aún así
somos olvido, inquisición y sueño.
Nadie detiene a los suicidas
ni les cree.

Abuela

Bájale el volumen a la radio
Dolly Parton no es precisamente
el tipo de silencio que necesita la calma.
La casa es real
y la lluvia, la mano
recorriendo de memoria
los mosaicos del portal
el olor del jazmín atado a las rejas
se hace carne en el recuerdo.
¡Ay! si pudiera
baja un poco más la sombra.
Amanece entonces y es humedad
musgo consistente, palma
el patio es real
y la abuela que lava las mazorcas
en el hilo de agua
silencio, silencio
los ojos son palabras que se aferran
a la luz   a las ventanas.
No te duermas ahora, no te duermas
ya paró el estruendo
Dolly canta bajito ¿escuchas?
la lluvia ya paró
si pudiera
¡Ay! si pudiera.

Definiciones

Ese que te espera
agazapado en los rincones
y prepara la emboscada
en cualquier esquina a donde llegas
que tiembla ante una rosa
o se desnuda de espinas y silencios
ese que canta siempre, a cualquier hora
y no te aplaude
y no te reconoce
ese que se carga de sueños y de peces
que se carga de muertos y poetas
ese que borra la sonrisa
y hace lento cada gesto
que se atreve a mirarte sin decir te espero
indelicado, fugaz, a contragolpe
ese, irreparable e indiscreto,
no es el punto final
ni siquiera la coma:
ese amigo mío se llama tiempo.

Dices

Que vas dentro de otros rostros
dices
heridos rostros de heridas guerras
que nada compartes
dices
ni siquiera las comas después del adjetivo
que no hurgas detrás de los espejos
que disimulas
dices
para que no te confundan
con la lágrima que escapa de cualquier testigo
que bailas a la diestra del maestro
dices
cuando todos sabemos
que no danzas ni en la sombra
que por infértil y ajeno no te multiplicas
dices
gracias a dios, decimos todos
y se siente un aplauso.

Otras islas

Futuro

Mis padres no se conocen
temen que el futuro tatuaje
que exhibiré en mi espalda
sea excusa perfecta para el despropósito.
Mi cuerpo aún sin nombre
ya no será perfume
en el mantra carcomido de una isla;
se van por rumbos dispares
—mis padres, digo—
a refundar esquemas ya probados
en el asfalto y la llovizna.

No todo es regresar

¿Volver?
¿A qué silencios?
Agua clamando en sus susurros.
¿Quién apaga el sirio sobre mi polvo?
Llama que se devuelve
en el perfume eterno de la noche.
¿Cuántos son
portadores del secreto?
Hora es del juego
¡Vengan a mí, palabras!
Venga de usted
el manantial que brota
nostálgico hilo de agua,
múltiples cuerpos.
Vuelva a usted
la espera del rebaño
el hijo que regresa y canta,
los afilados espejos.
Las dagas aguardan
el sudor y la fiebre.

Traidor

¿Quién eres si no
el vencido?
eterno discípulo que señala
la altura de la espiga.
¿Quién si no la otra mitad,
espacio de mareas limitadas?
La otra mitad, decía, intocable
porque nadie se atreve a poseerte.
Sólo importan las cosas que no nombras
innoble tiempo, resinas olvidadas
bóveda y templo en el recuerdo,
léase polvo persistente.
pero polvo, al fin.

Traidor 2

Tantas veces profirió su canto
de maltrechos escupos
que la mismísima mañana dejó de ser memoria
para convertirse en luto perpetuo
de todas sus mentiras.

Aire

Para Mileidys Athina Ginoris

Me respiro un árbol
y todo se escurre dentro
el agua dentro
el agua surtidora de esperanzas.
Me desgajo un cielo
y todo se vuelve racimos
sol lejano, primavera
raíz vencida en la sangre
de una isla.
Me respiro un país
y todo se tuerce dentro
la tierra dentro
la tierra simplicidad del laberinto
astucia que despierta los silencios del mundo.
Me respiro un mundo
y todo se vuelve árbol
isla esculpida en la memoria,
patria
o como quien dice simplemente:
una manera sencilla
de cubrirlo todo de pasado.

Exilio

El exilio es un barco varado
una semilla estéril
espejismo que descubrimos
en la palabra de otro.
Puedes vivir al final de cada día
un pedacito de exilio
o atragantarte hasta los huesos
en cada desayuno
pero no puedes saltarte ese minuto
–nefasto por demás–
en que la rigidez del pan
te devuelve de golpe hasta la arena
donde un pájaro canta
cualquier cosa parecida a una playa
y hasta la más pequeña de las olas
se convierte en patria.

Conversemos

Para naGinoris, que sabe de palabras

Háblame del pez
cosquilleo de isla
su garganta azulada
en cada herida-gesto
cuando vuelve majestuoso
de su último encuentro
pez infinito
burbuja de agua
hacedor de luz
a orillas de la playa.

Háblame del mar
caos exquisito
imperfecto latido de la tierra
mano de dios
lengua de dioses
Dios mismo perdonador
y vengativo
enorme y líquido rugido
que sostiene las distancias
y las convierte en burbuja
poseída de historias.

Háblame de la lluvia
enemiga del polvo

feroz y misteriosa comparsa del espanto
llanto de dios
sudor de dioses
dios mismo rociador de vida
transparente exorcismo
en que se lavan las miserias.

Háblame del mundo
                      miente.

Pie de foto

Si bien no fue
engorroso escoger este paisaje
para la última foto que te envío
todavía me asombran algunos muros
y ciertas calles hasta ayer
enrarecidas de consignas
—cito la causa
pero dejo inhabitado el lugar
donde debería ir la consecuencia:
ciertas cosas es mejor ni nombrarlas
como el humo de tu cigarro al descender por mis piernas
por ejemplo
o el sonido, casi imperceptible, que produce mi espalda
cuando intento señalarte el mar egeo
en el mapa político que cuelga en nuestra cama.
Ítaca es azul, desde donde se mire
o al menos eso piensan los poetas.
No sé por qué dije engorroso al principio
si en realidad fue triunfante.

Otra calle en el pasado

La calle Céspedes
respira por cansancio:
tiene un cuerpo recto
diseñado hace siglos
un mar oscuro en su cabeza
y un fuerte olor a sudor de caballo.
No tiene alma ni sombra,
ni siquiera un árbol.
En la calle Céspedes
el pájaro no es pájaro
hasta que se vuelve nube
rama, flor o viceversa.
Hay abismos que nadie
puede arrancarles al pasado.

Virtud de la venganza

He cortado un árbol
con sus ramas más fuertes
construiré un país
un espacio desnudo de patria
donde borrar la memoria
sea una venganza.

Destino

Yo no quería la lluvia
hasta que fue un aguacero
en mi reseca boca
explotaron bulbos
que después cubrieron
de nubes mi osamenta.

Yo no quería el verde
hasta que fuera abismo
y me crecieron muertos
que estaban quietos
debajo de las hojas muertas.

No puedo escribir patria
y florecerme.

Visitantes

Y vienen a decirme que son de tierra
la palma, los sinsontes
el riachuelo serpenteante
que se acurruca detrás de la casa
—llegan y se pegan al sol, a los sonidos
dicen que son de tierra los mameyes
y el mango del patio de la abuela,
la batea olorosa, el toca discos ruso
la teja partida desde que Luisito
resbalara en la escalera.
Vienen con la mirada al frente
borroso el contorno de las caras
blanquísimas de tanto norte y lentejuela
que son de tierra dicen y se apartan
cuando el rocío les lame los zapatos.

Yale

Todo se pudre en esta isla
la sal es piedra marmolada
inhóspita y dudosa piedra
que se instala en la lengua y duele
como duelen los escombros
arrinconados ahora mismo
por un par de manos
que hace no mucho
fueran comunistas.

En esta isla todo se cae boca arriba
estrepitosamente
como la hiedra que retumba contra el suelo
aplastada por el peso de la lluvia
no importa lo colosal
o ridículo que sea el escenario.

En esta tierra todo se hunde
la música, el asfalto, el chicharrón y la azotea
o huelen irremediablemente a pasado
el quimbombó, la hierba santa, el culantrillo
o la azucena.

De esta isla todo se marcha
hasta el cerrojo que alguna vez
detuvo la embestida de los vientos
cuando los huracanes eran

esa especie de fiesta de las prohibiciones
y tomarse una sopa de fideos
nos resguardaba del miedo.

Nadie vuelve

Ya nadie espera el regreso
ni le importa
como no importa la guerra
cuando es en la otra orilla.
Ya nadie vuelve
a donde le prohibieron cantar
ni canta
porque la música es pequeña
cuando la nombra otra lengua.
Ya nadie acude
al nacimiento de los hijos:
es un crimen, gritan,
una invención para que vuelva
a desarmarse la mentira.
Ya nadie junta florecillas
en el borde de la acera
ni hace ramitos de menta
para suavizar el llanto.
Todo es un rincón ahora
una patada en el vientre
de la isla
un parque sin nombre
que escucha pasar la lluvia
cabalgando una bala.

www.ingramcontent.com/pod-product-compliance
Lightning Source LLC
Chambersburg PA
CBHW022016080426
42733CB00007B/616